AF318436

DERNIÈRES CONSIDÉRATIONS

SUR

LE REMBOURSEMENT

OU

SUR LA RÉDUCTION DES ARRÉRAGES

D'UNE PARTIE

DE LA DETTE PUBLIQUE.

IMPRIMERIE DE J. TASTU,
RUE DE VAUGIRARD, N° 36.

DERNIÈRES CONSIDÉRATIONS

SUR

LE REMBOURSEMENT

OU

SUR LA RÉDUCTION DES ARRÉRAGES

D'UNE PARTIE

DE LA DETTE PUBLIQUE;

PAR

M. LE DUC DE GAETE.

PARIS

CHEZ LES MARCHANDS DE NOUVEAUTÉS.

*

1829

L'un des premiers intérêts du pays qui se trouve, par des événemens extraordinaires, grevé tout-à-coup d'une dette considérable, est d'en assurer l'*extinction* graduelle *à quelque prix que ce soit*, afin de se ménager les moyens de diminuer, avec le temps et selon les circonstances, les impôts que le paiement de cette dette nécessite, et de se préparer aussi des ressources pour des besoins nouveaux qu'il faut toujours prévoir.

Tels avaient été l'esprit et le but du système fondé par la loi du 25 avril 1817, dont l'exécution fidèle avait, en huit années, avec une dépense de *cinq cent quatre-vingt-quatorze millions seulement*, rendu la caisse d'amortissement propriétaire de 37 millions 70 mille francs de rente, et avait par conséquent *libéré réellement* l'Etat, et de la *rente elle-même* qu'il serait, dès à présent, le maître d'*annuler*, et du *capital* de plus de 740 millions qu'elle représentait, au *denier* 20.

Ainsi, le Trésor avait obtenu une économie *de plus de* 146 *millions* sur la dépense d'un remboursement *au pair*, tel que l'on voudrait le faire aujourd'hui.

Les capitalistes qui avaient eu confiance en nous, dans des temps qui furent si difficiles, en avaient aussi reçu la récompense par l'augmentation notable de leurs capitaux.

Enfin, l'intérêt de l'argent avait éprouvé une baisse satisfaisante, par l'effet, au moins en partie, de l'élévation du cours de la rente.

Le système adopté avait donc été également

profitable *au crédit*, *à l'industrie* en général, *à la fortune publique* et *aux fortunes particulières*.

Tout-à-coup on a semblé s'effrayer d'un succès qui avait dépassé toutes les espérances, et l'on n'a paru frappé que de la dépense que l'amortissement pourrait occasioner, en en portant l'estimation fort au-delà de toute vraisemblance.

Dès-lors, perdant de vue l'intérêt principal, l'*extinction de la dette*, on ne s'est plus occupé que du soin d'en alléger le fardeau, en diminuant l'*importance de la rente*. On tendait ainsi à sacrifier à des intérêts présens, ou plus prochains, ceux d'un avenir plus éloigné, que l'on s'était auparavant appliqué à concilier tous deux; ce qui avait été peut-être plus politique et plus juste.

Mais l'idée de réduire, *au profit des contribuables*, les arrérages de notre dette publique, comme l'avait fait, il y a un demi siècle, un ministre *dont cet acte arbitraire a flétri la mémoire*, n'aurait pu se présenter, avec la moindre espérance de faveur, si elle n'avait pas été liée à celle du remboursement, volontaire pour les créanciers, du capital que l'*on jugeait à propos* de lui assigner (*car il n'en avait pas été question dans le contrat*), de sorte que la réduction de la rente ne dût être que la conséquence du refus que les créanciers feraient d'un remboursement *autorisé généralement par le droit commun*. On s'était flatté de remplir, par là, l'objet que l'on s'était proposé, sans que la confiance pût en éprouver la moindre atteinte.

Ce système repoussé, en 1824, par la Chambre des pairs, a trouvé depuis de nouveaux partisans. Il est cependant facile d'apercevoir, qu'indépendamment de ce qu'il serait peu conforme à nos engagemens, comme j'ai essayé de le démontrer, dans mes deux précédens écrits, il pècherait d'ailleurs par sa base, si le Gouvernement ne devait pas avoir le moyen de rembourser tout à la fois l'*universalité* de ses créanciers : car la proposition de *fractionner* cette opération, *à sa volonté*, afin de la proportionner aux facultés du Trésor, en soumettant les créanciers d'une dette *homogène* et *commune* aux plus choquantes inégalités, ne pourrait assurément pas s'appuyer sur les règles du *droit commun* qui exige *la restitution immédiate de la totalité du capital emprunté;* droit *que l'on invoque,* et dont *on n'a par conséquent pas entendu s'écarter* [1]. Or l'impuissance du Gouvernement pour un remboursement *réel, intégral* et *simultané* ne pouvant être douteuse pour personne, il suffi-

[1] Dans tout contrat, les intérêts doivent être balancés. Celui de *constitution de rente* refuse au *prêteur* le droit de *réclamer* le remboursement du capital, tant que la rente est exactement servie, et le *force à le recevoir*, à la volonté de l'*emprunteur*. Eût-il été juste que celui-ci jouît encore de la faculté de *diviser le remboursement* comme il lui eût convenu? Assurément non. Aussi la loi ne l'a-t-elle pas permis, et le débiteur d'une rente *constituée* restée *indivise* entre les héritiers du prêteur, n'aurait pas le droit de déterminer, *par la voie du sort*, l'ordre dans lequel il entendrait les appeler au remboursement de la portion afférente à chacun d'eux. Il ne pourrait pas plus diminuer la *quotité* de la rente, en se reconnaissant débiteur d'un *capital supérieur* à celui porté au contrat, à moins que ses créanciers n'y consentissent. Ce ne serait donc que, par *un abus de la force*, qu'un Gouvernement pourrait en user autrement qu'un particulier ne serait autorisé à le faire, et je n'ai pas besoin de dire quel devrait en être le résultat pour la *confiance*, sans laquelle il ne peut exister de *crédit*.

C'est ici le lieu de faire observer que, dans le pays sur l'exemple duquel on s'appuie, le *capital* de chaque emprunt et la *faculté de le rembourser* sont toujours *exprimés au contrat*, et qu'il n'y a jamais été question d'en *fractionner* le remboursement.

rait, comme on devrait s'y attendre, que tous les créanciers l'acceptassent, pour échapper à la réduction de la rente. Le but serait donc manqué, sous le rapport de *l'économie dans le paiement des arrérages*, comme il l'a déjà été, par l'inexécution à peu près complète de la *conversion* qui avait été autorisée par la loi du 1ᵉʳ mai 1825.

Il ne serait pas mieux atteint, quant à la *libération* de l'Etat, en admettant, contre toute vraisemblance, que la réduction de la rente dût être généralement consentie ; ou bien que, négligeant la leçon sévère du *passé*, on se portât au parti extrême, ou de prononcer, d'*autorité*, cette réduction, ou de frapper la rente d'un impôt équivalent, sous le prétexte d'assimiler cette propriété à celle *immobilière*, relativement au *droit électoral* [1].

---

[1] Je ne sais où j'ai lu cette proposition dont l'idée ne paraît pas heureuse. On ne voit pas en effet de quel avantage elle pourrait être, soit pour les rentiers qui, en même temps *propriétaires*, paient déjà le *cens électoral*, soit pour ceux d'entre eux à qui la médiocrité de leur revenu ne permettrait pas de l'atteindre. Du reste, il n'est pas probable que le nombre des électeurs pût être sensiblement augmenté par une semblable disposition.

Il est bien vrai que la *dépense annuelle* du Trésor serait diminuée d'autant ; mais l'Etat, comme je l'ai déjà dit, n'en resterait pas moins débiteur du *même capital* et d'un intérêt seulement plus faible. Comment donc pourrait-on établir qu'il se serait réellement *libéré ?* Un particulier serait-il réputé l'être par une simple diminution d'intérêt consentie par son créancier ? Pourrait-on aussi invoquer *sérieusement* la loi qui autorise tout débiteur à se *libérer*, en faveur d'une opération par laquelle *cet effet* ne serait pas réellement produit ?

Et d'un autre côté, peut-on penser qu'une réduction *forcée* de la rente se conciliât avec les règles de la justice dont on ne s'écarte jamais sans en porter la peine ?

Pour juger cette question, et prononcer équitablement entre les *rentiers* de l'Etat *proprement dits* et les *contribuables* dont on invoque l'intérêt dans cette affaire, il convient de considérer leur situation respective.

La dette *perpétuelle*, telle que l'avait laissée la mutilation qu'elle avait subie sous un ministère que cette opération a rendu *fameux*, montait, à l'époque de la révolution, à environ 60 millions. Elle a été réduite à 20 millions, en 1797, par la suppression des $^2/_3$. Les contribuables, c'est-à-dire les *débiteurs*, ont par conséquent profité, depuis 30 ans, de 40 millions qu'ils ont payés de moins, chaque année, et qui composent aujourd'hui une somme totale de. 1,200,000,000

Ils ont de plus été déchargés *du capital*, au denier 20, de ces 40 millions, ci. 800,000,000

Total du bénéfice des contribuables depuis 30 ans. 2,000,000,000

Les rentiers dont les anciens contrats avaient été remplacés par une inscription au Grand-Livre, ont nécessairement perdu, dans le même intervalle, tant sur le capital que sur les arrérages, les mêmes *deux milliards* que les contribuables ont gagnés à leurs dépens; indépendamment de ce que le mode de paiement des rentes leur avait fait perdre depuis 1791 jusqu'au gouvernement *consulaire* qui les fit payer en *argent*.

D'autre part, la valeur du *tiers* qu'ils ont

conservé en 1797, a déchu, depuis, au moins d'*un quart*, par l'effet du renchérissement des divers objets de première nécessité.

Ainsi, celui qui possédait, avant 1797, une rente de 1,200 francs, *reste de celle de 2,400 que lui ou sa famille avait primitivement acquise*, s'est trouvé réduit, à cette époque, à 400 fr. qui ne lui représentent pas, aujourd'hui, une valeur réelle *de plus de* 300 fr. Et l'on pourrait trouver juste de le réduire encore, de quelque manière que ce soit, d'un cinquième ! !....

Serait-il plus politique de décourager, par une semblable retenue, soit les départemens qui ont hésité si long-temps à se confier à nos fonds publics, soit surtout les classes laborieuses auxquelles l'établissement récent des caisses d'épargne tendait à donner des habitudes d'économie, si favorables à l'amélioration des mœurs, et que la perte qu'elles éprouveraient, de même que les inquiétudes qu'elles devraient concevoir pour l'avenir, détermineraient vraisemblablement à ne plus s'imposer des privations dont elles n'auraient plus l'assurance de recueillir un jour le prix [1]?...

Plus on creuse cette question, moins on peut comprendre comment une réduction de la rente, quelque habileté que l'on dût y mettre, pourrait se justifier, sous quelque point de vue que l'on veuille la considérer.

Sans doute les pertes dont j'ai retracé le tableau ne sont pas communes aux nouveaux rentiers, qui sont peut-être les plus nombreux; mais ils se confondent avec les anciens, et si les mêmes considérations ne militent pas en leur faveur, ils ont du moins le droit d'invoquer les lois sous la foi desquelles ils ont contracté, surtout lorsque nous sommes heureusement loin d'être forcés à nous en écarter par une de ces *grandes nécessites* qui commandent aux lois elles-mêmes.

Nous avons vu plus haut qu'après la *réduction* d'un cinquième, faite avec ou sans le consentement de nos créanciers, nous resterions grevés *pour toujours*, et du *même capital* que nous devons aujourd'hui, et des rentes

[1] On sait que le produit des économies versées aux caisses d'épargne se convertit en rentes au Grand-Livre.

réduites que ce capital continuerait de produire.

C'est pour prévenir une semblable situation et ne pas s'exposer à compromettre tout l'avenir de la France, que l'amortissement a été établi chez nous. Aussi n'avait-on pas supposé que son action pût jamais être arrêtée par le *cours de la rente* dont il devait naturellement favoriser l'élévation; et quoi qu'on puisse dire, il faudrait bien, en définitive, recourir à quelque combinaison autre que celle à laquelle on paraît s'attacher, si l'on ne voulait pas léguer aux générations futures la *totalité* de notre dette, en *capital*, augmentée de celle que de nouveaux besoins nous auraient forcés de contracter plus tard, Dieu sait à quelles conditions! après que la confiance aurait été soumise à une aussi rude épreuve; car personne n'a certainement la pensée de faire baisser, par l'effet de la *réduction*, le cours de la rente de 5 fr., de manière à rendre à l'amortissement la faculté d'agir sur elle. Une semblable intention, à laquelle il y aurait bien quelque reproche à faire, n'atteindrait d'ailleurs très-probablement pas son but, puisque 4 fr. de rente

payés à un *cours* supérieur à 100 fr., auraient
encore un avantage sur les 3 p. % *à celui*
où ils sont déjà parvenus ; de sorte que l'action de l'amortissement sur le fonds de 5 fr.
de rente *réduit à* 4 fr., demeurerait encore
suspendue, comme elle l'a été constamment
depuis 1825.

Mais, je l'ai déjà dit, il ne s'agit point ici
d'une simple affaire de *chiffres*, telle que celle
qu'un particulier aurait à régler dans son intérêt privé. L'intérêt de l'Etat se compose d'élé-
mens divers qui peuvent se compliquer encore
d'éventualités capables de changer tous les effets d'un système dans lequel elles n'auraient
pas été prévues. Celui qui avait été fondé en
1817, offrait l'avantage éminent de satisfaire
aux exigences possibles de ces éventualités,
sans causer aucune alarme. Cette heureuse
combinaison avait dû laisser les auteurs de la
loi sans inquiétude sur les effets que l'élévation
du *crédit*, toujours si utile à la prospérité générale, pourrait produire, dans la suite, *sous
le rapport de l'amortissement de la dette.* Il a
dû leur suffire, pour se rassurer entièrement,
de reconnaître que cette opération n'impose-

rait pas, d'*une manière absolue*, aux finances une charge qu'un pays, tel que la France, ne dût pas pouvoir supporter dans tous les temps, puisque la dotation *obligée* de la caisse d'amortissement n'excéderait pas 40 millions, et que les accroissemens qu'elle aurait reçus, par le produit successif de ses rachats, ne cesseraient jamais d'être *régulièrement dispo-nibles* pout tout autre usage. J'insiste sur cette considération, parce qu'il me semble toujours que l'on ne paraît pas y attacher l'importance qu'elle mérite, et qu'elle me semble répondre à la principale objection faite contre le sys-tème que la loi de 1817 avait consacré.

Je persiste, au surplus, à penser que l'on s'est fort exagéré l'élévation à laquelle on a supposé que l'action *illimitée* de l'amortisse-ment pourrait porter le *cours* de la rente, et je suis bien persuadé que je l'avais exagérée moi-même, par ménagement pour l'opinion contraire à la mienne.

Mais je croirais tomber dans un excès d'un autre genre, si je refusais d'admettre une com-position qui, en conservant, *de fait*, à nos créanciers les avantages qu'ils ont déjà acquis

et ceux que la *non limitation* de l'amortissement pouvait, avec quelque probabilité, leur
procurer encore, dût faire cesser toute incer-
titude sur les résultats éventuels qu'elle avait
fait craindre ; car il n'est pas défendu de se re-
lâcher de la rigueur d'un *principe*, lorsqu'une
concession, *qui ne le détruit pas*, peut conduire au but qu'il importe principalement
d'atteindre.

Le tableau n° 1, annexé à mes observations
additionnelles, et que je reproduis ici, com-
paré à celui n° 2 également ci-joint, prouve
que l'amortissement de la rente de 5 fr., même
au cours de 115, serait *encore plus économi-
que* qu'un remboursement, *au denier* 20, qui
devrait s'opérer, en 36 ans, *par séries*, en y
appliquant chaque année la portion afférente
à cette rente dans le fonds général d'amortissement (soit 56 millions); *seul moyen* que
le Gouvernement pût avoir d'obtenir une libération *réelle et définitive* de chaque portion
du capital qui serait successivement soumise
au remboursement; car cette libération ne
pourrait évidemment s'opérer, par un nouvel
emprunt, à un intérêt plus faible, qui n'aurait

d'autre effet, quant au *capital*, que de *nous faire changer de créanciers.*

On pourrait donc, *sans qu'aucun intérêt dût en souffrir,* autoriser les rachats jusqu'*au cours de* 115, *en interdisant la vente, à la Bourse, de la rente de 5 fr. à un taux plus élevé.* Cette modification à la loi de 1825 ne permettrait plus de doute sur le *maximum* de la dépense à laquelle nous serions réellement soumis ; de même que l'amortissement ne pourrait plus se trouver dans la nécessité de s'arrêter devant un cours *supérieur à celui fixé par la loi,* dont nos créanciers n'auraient point d'ailleurs à se plaindre, puisqu'aucun d'eux n'avait dû espérer mieux. Il a fallu, en effet, des circonstances tout-à-fait extraordinaires, telles que la stagnation des affaires et l'abondance des capitaux oisifs, pour porter cette rente au point où elle est parvenue, et, privée de l'amortissement, elle ne peut s'y maintenir que, d'un côté, par l'invraisemblance du remboursement dont elle a été menacée, et, de l'autre, par la persuasion que la puissance législative ne se porterait jamais à réduire à 4 *francs,* une rente de 5 *francs vendue aux enchères*, comme aurait pu l'être un *lingot de la même valeur*, que l'on ne se croirait certainement pas le droit de faire rapporter au Trésor pour en affaiblir le *titre* d'un cinquième.

Je rappelle, à ce sujet, que la loi du 25 avril 1817, à la rédaction de laquelle j'ai concouru, avait mis à la disposition du ministre des finances 30 millions *de rentes ou 6 millions de rentes de* 5 fr., et non pas 30 millions de *rentes* 5 p. %. Il ne s'est donc point agi, pour le Gouvernement, de concéder l'*intérêt d'un capital quelconque*; mais uniquement une *rente d'une quotité fixe*, comme autrefois les *rentes foncières* qui, dans l'ancienne législation, n'étaient ni *réductibles*, ni *remboursables*.

Il est bien vrai que les inscriptions délivrées aux prêteurs furent intitulées, comme celles qui existaient antérieurement, *rentes* 5 p. %; mais cette dénomination, que l'habitude fit passer *inaperçue*, n'était point *émanée de la loi* qui, sans constituer *aucun capital* à celles dont elle autorisait la négociation, avait déterminé un *mode spécial* pour leur extinction successive ; la *voie de l'amortissement*, doté de manière à donner aux prêteurs l'assurance de trouver toujours un acheteur *sur la place.* Aussi peut-on se rappeler que le ministre des finances déclara formellement, à la tribune, qu'il ne pourrait jamais être question de *tout autre mode de remboursement.* Du reste, la discussion du *point de droit* serait, ici, sans objet, lorsqu'il est évident que, de *fait*, le remboursement *légal*, c'est-à-dire *intégral* et *simultané*, serait *impossible.*

On pourra opposer à ma proposition les dispositions de la loi de 1825 qui, après avoir fixé à 100 fr., le *pair* de la rente *dite* 5 p. %, a décidé que l'amortissement ne pourrait agir sur elle, tant qu'elle serait *au-dessus du pair.*

Je sais tout ce qui est dû de respect aux lois en vigueur; mais je sais aussi, comme tout le monde, qu'il est permis, dans l'intérêt public, d'en examiner les avantages et les inconvéniens, et qu'il existe de nombreux exemples du *rapport* de dispositions législatives qui n'avaient pas rempli les vues dans lesquelles elles avaient été adoptées. Ce ne serait donc pas là une difficulté sérieuse, si l'on reconnaissait que le moyen que j'indique dût nous faire

2

sortir de la fausse route dans laquelle (du moins dans mon opinion) nous nous trouvons engagés.

Je pense, en effet, que l'on s'est créé une difficulté *insoluble*, et que l'on a agi contre la *nature des choses*, plus forte que la volonté des hommes, en donnant à l'amortissement, institué pour ABSORBER SUCCESSIVEMENT la dette, une limite dans le *pair* que *l'on assignait* à la rente *de 5 francs*. Ce n'était point, ce me semble, *à l'action de l'amortissement ;* c'était, comme je le propose, *au prix vénal de la rente* qu'il eût convenu d'imposer cette limite, et je ne puis attribuer l'espèce d'anomalie dans laquelle on est tombé à cet égard, qu'à la complication que la création du 3 p. % est venue porter dans cette affaire. Car il est évident qu'en limitant le *prix vénal* de la rente de 5 francs *à* 100 *francs*, lorsque le *cours* tendait à s'élever jusque là, on aurait concilié, sans que personne eût eu à s'en plaindre, le principe fondamental de *l'amortissement* qui ne lui permet de s'*arrêter* que *par le défaut de matière vénale sur la place,* ou *par l'épuisement momentané de ses moyens journaliers,* avec la fixation, *précisément au taux que l'on voulait*, du *maximum* de la dépense qu'il pourrait occasioner. Il faut avouer que cette prévoyance nous a manqué, lorsque nous avons fondé l'amortissement en France, et cette faute peut s'excuser par le peu de probabilité dont il était alors, que le cours de la rente que l'on créait pût jamais arriver au point où il est depuis parvenu ; et peut-être aussi par la considération de l'impression fâcheuse qu'aurait pu produire, à une époque où notre crédit était si chancelant, l'étendue des sacrifices auxquels nous aurions paru nous condamner, en admettant que le rachat d'une rente que nous livrions pour 58 fr., pût nous coûter, un jour, jusqu'à 42 fr. *de plus !..* Mais la leçon de l'expérience ne devra pas être perdue pour l'avenir, et, après avoir subi la peine d'une imprévoyance qui a pu être *une convenance de l'époque*, en rachetant, à un prix plus élevé que nous ne l'aurions voulu, les rentes créées avant et depuis 1817, nous sommes en mesure de ne plus retomber dans le même inconvénient. Lors donc que le moment sera venu de contracter pour l'emprunt de 80 millions autorisé par la loi de 1828, si l'on se décide pour le système de *l'amortissement*, on sera naturellement amené à limiter le *prix vénal* de la rente qui sera négociée, de manière que le *maximum* de la dépense des rachats soit d'avance invariablement déterminé, *sans qu'ils puissent jamais être de nouveau suspendus*, autrement que *par le défaut de rentes sur le marché*. Cette simple précaution, introduite dans notre système d'amortissement, le mettrait à portée de donner tous ses résultats, sans que sa dépense pût s'élever au-delà de ce qui aurait été prévu. Il suffirait que la limite du *prix vénal* fût déterminée de manière à ne pas la rendre défavorable à la modération générale de *l'intérét de l'argent*, dont le taux subit naturellement, comme tout le monde le sait, l'influence du cours *élevé* de la rente. Je pense qu'il serait bien aussi que la proportion du fonds d'amortissement fût désormais portée à 2 p. % du capital emprunté.

Ce système conserverait, ainsi, le double avantage (exempt désormais de la chance qui a causé tant d'inquiétudes) d'opérer insensiblement *la libération réelle* de l'Etat et de le préserver des exigences du *remboursement obligé* qui, comme on le verra plus bas, a été si souvent une cause de scandale et de discrédit : il prendrait en même temps ce caractère de franchise et de bonne foi qui, n'admettant aucune arrière-pensée, est la base la plus solide du *crédit*, comme il est encore la plus honorable source de l'économie si désirable dans la gestion des affaires publiques.

Je n'aurais qu'incomplétement résolu la question que je me suis proposé de traiter, si je négligeais d'indiquer un moyen de réaliser les espérances que la proposition du *remboursement* ou de la *réduction* de la rente avait données aux contribuables.

A cet égard, on pourrait (*du moins sans violer le contrat*) annuler telle portion des 37 millions de rente rachetés, qui serait nécessaire pour équivaloir au sacrifice que l'on voudrait imposer au Trésor sur les contributions les plus onéreuses.

En supposant que l'on affectât 20 millions à cette destination, on pourrait en prélever 16 sur la portion *afférente à la rente de 5 fr.* dont la dotation se trouverait réduite de 56 à

4o millions, et l'on verra, par le tableau n° 3, que l'amortissement (*dût-il, ce qui est peu probable, ne rien acheter au-dessous du cours de* 115) aurait encore, malgré la diminution de ses moyens, un avantage de 6 années *pour la durée*, sur le remboursement *au pair, conservant sa dotation entière de* 56 *millions.* Le ralentissement que devrait éprouver la marche de l'amortissement, comparativement à ce qu'elle aurait été avec cette même dotation de 56 millions, et l'augmentation qui résulterait, dans sa dépense définitive, de la prolongation de sa durée, seraient compensés, tant par l'affermissement de la confiance, que par une diminution actuelle de charge qui, si elle portait en partie sur le tarif des droits d'enregistrement (lesquels , comme on le sait, frappent *directement* les capitaux, condition qui, dans les impôts, est la pire de toutes), procurerait un soulagement dont toutes les classes de la société ressentiraient et apprécieraient le bienfait.

Si je ne m'abuse pas, ces propositions seraient plus conformes à nos premiers engagemens, par conséquent plus en harmonie avec la véritable doctrine *du crédit*, que ce qui a été fait ou proposé depuis 1825, et ne pourraient produire que d'heureux effets.

Premièrement. L'amortissement reprendrait, *pour toujours*, l'action *continue* que la loi de son institution a entendu lui donner et par laquelle il *éteindrait effectivement le capital* de toutes les rentes dont ses moyens lui permettraient de s'emparer; résultat vers lequel nous devons tendre incessamment, puisque, là, se trouve, pour la France, un gage de puissance et de prospérité pour tous les temps.

Deuxièmement. La dépense définitive, en maintenant la dotation à 56 millions, resterait encore *au-dessous* de ce que devrait coûter le remboursement *au denier* 20, exécuté par la seule combinaison à l'aide de laquelle on pût (toutefois en *s'affranchissant des règles du droit commun*) obtenir une libération *véritable* et *complète* pour chaque fraction de la dette que le remboursement devrait atteindre, chaque année.

Et si l'on réduisait la dotation de l'*amortissement* à 40 millions, sa dépense définitive n'excéderait encore celle du *remboursement doté de 56 millions*, que d'à peu près 9 millions, par an (*voyez* le tableau n° 3); tandis que l'annulation d'une partie des rentes rachetées par la caisse d'amortissement procurerait , dès la première année, une réduction d'impôt de 20 millions, laquelle, au bout de 3o ans, ferait un objet de 6oo millions que les contribuables auraient reellement payés de moins, dans cet intervalle, sur les contributions les plus onéreuses.

Et l'extinction de la rente de 5 francs pourrait encore être accélérée de six années.

Troisièmement. Enfin, rien ne serait changé dans la situation et dans les habitudes des nombreuses familles dont l'*existence* ou simplement l'*aisance* est fondée sur les rentes qu'elles possèdent et auxquelles, pour le dire en passant, on envie bien injustement un *affranchissement d'impôt* qui est une condition tacite du contrat, et dont l'avantage est si sensiblement affaibli par les effets du temps qui altèrent graduellement ce genre de revenu, en raison de l'augmentation successive du prix des divers objets de consommation.

Les comparaisons que j'établis (uniquement pour présenter la question sous toutes ses faces) entre les résultats du *remboursement fractionné* et ceux de l'*amortissement*, sous le rapport de la *dépense* et du *temps* qui seraient nécessaires, à l'un et à l'autre, pour obtenir la libération *complète* de l'Etat, ne peuvent, dans la réalité, être considérées que comme *purement spéculatives :* car l'extinction *totale* de la dette (qui heureusement n'est pas *nécessaire*) n'est admissible dans aucun des deux systèmes.

Il serait, en effet, contre toute vraisemblance que 36 ans pussent s'écouler sans que des circonstances extraordinaires fissent naître, pour le Gouvernement, de nouveaux besoins qui le forçassent d'*interrompre le remboursement* pour appliquer sa dotation à des emplois plus pressans ; et c'est ainsi que les anciens emprunts à *terme* ont *toujours* fini par être convertis en *dette constituée*, à l'exception de ceux contractés à des époques voisines de la *révolution*, qui, après avoir été l'une de ses causes, par le *déficit* produit dans nos finances, ont fait partie des dettes *exigibles* pour le remboursement desquelles les *assi-gnats* furent créés. Ici, le *passé* peut raisonna-blement faire présager l'*avenir*.

L'amortissement, de son côté, ne parvien-drait pas plus à éteindre *complètement* la dette, puisqu'il ne peut s'emparer que des rentes que le mouvement des affaires amène *sur la place*, et que l'expérience prouve que, dans beau-coup de familles, elles deviennent une pro-priété *héréditaire*; indépendamment de ce que celles affectées à certaines dotations ne sont jamais dans le cas d'être aliénées ; mais, au moins, il *éteindrait certainement*, au profit de l'Etat, tout ce que la *force des choses*, à la-quelle rien ne résiste, lui permettrait d'at-teindre.

On pourrait me demander par quelle rai-son je compterais sur une constante fidélité *à la dotation de la caisse d'amortissement* (condition nécessaire des résultats qu'il pro-met) dans les mêmes circonstances où je sup-pose que celle du *remboursement* pourrait être détournée de sa destination.

La différence des deux systèmes fournirait ma réponse.

Le *remboursement* graduel ne fait qu'*éteindre* sans rien *conserver*.

L'amortissement *éteint* et *accumule* : là, est sa garantie.

On voit, par le tableau n° 3, que, parvenu à la seizième année avec une dotation *de 40 millions seulement*, il offre encore une ressource de près de 36 millions de rentes *disponibles pour de nouveaux emprunts* par lesquels le Gouvernement se procurerait, dans une circonstance extraordinaire, plusieurs centaines de millions, *sans augmenter les impôts d'un centime*, et ces emprunts se feraient à des conditions d'autant plus avantageuses, que la confiance serait dès long-temps affermie par le respect des engagemens antérieurs.

Les besoins du Gouvernement seraient donc facilement satisfaits, et le paiement d'une dotation de 40 millions ne pourrait lui causer aucun embarras.

Il n'en serait pas de même du *remboursement* qui, à la même époque, *sans lui offrir aucune ressource*, exigerait de lui un paiement de 114 *millions* (*voyez* le tableau n° 1) au moment où il se trouverait pressé par de nou-velles nécessités. Pensera-t-on que, dans cette situation, l'idée (qui aurait, pour elle, la fa-veur de prolonger la jouissance de la rente) l'idée, dis-je, de *suspendre le remboursement* pour donner un gage à de nouveaux em-prunts, ne se présenterait pas avant celle d'*augmenter les charges des peuples* pour les-quels le soulagement qu'ils auraient pu rece-voir, par l'extinction des intérêts de la dette successivement remboursée, aurait été aussi peu sensible, qu'ils le seraient *à une augmen-tation subite et considérable* de leur tribut ? L'exemple de ce qui se passe aujourd'hui, au milieu de la paix, serait-il propre à rassurer pour *un moment de danger?*... Eh ! quel effet un signe de détresse, tel que celui de la *sus-pension du remboursement*, ne pourrait-il pas produire sur le *crédit*, au moment où l'on se-rait encore forcé de réclamer son secours!....

Dans le système de l'*amortissement*, au con-traire, la disposition d'une partie, fût-ce même, ce qui est peu probable, de la *totalité*, des rentes *rachetées*, n'est qu'une opération *naturelle* et *prévue*. C'est une réserve, formée par la prudence , qui reçoit l'un des emplois auxquels elle est destinée. La confiance ne peut s'en alarmer , et les contribuables ne peuvent également qu'y applaudir , lorsque cet emploi leur épargne une augmentation d'impôts.

Et, d'un autre côté, s'il est vrai que l'argent *est le nerf* de la guerre , ne peut-on pas, sous un Gouvernement qui écarte toute idée d'*a-gression* de sa part, trouver raisonnablement dans un moyen, *toujours présent*, de l'obtenir avec facilité, au moment du besoin, une sorte de garantie de *repos* et de *paix*, comme aussi d'*influence politique*, que l'on ne pourrait attendre du système du *remboursement*, en le supposant praticable?

Toutefois, l'*impuissance* de l'amortissement, pour l'extinction *complète* de la dette, serait toujours, dans ce système, un inconvénient auquel il peut paraître convenable de porter remède, en prévoyant le cas où, à une époque plus ou moins éloignée, les rentes qui subsisteraient encore se trouvant *définitivement classées*, de manière qu'il ne s'en présentât plus *sur la place*, elles formeraient une masse plus forte que celle que l'on jugerait utile de conserver. On parerait à cet événement pour l'avenir, en insérant désormais dans le contrat une clause qui réserverait au Gouvernement, dans le cas prévu, la faculté d'employer le fonds d'amortissement affecté à l'emprunt, au remboursement, *par séries* et par *la voie du sort*, des rentes qui resteraient dues, sur le pied du *maximum* du prix *vénal* que la loi constitutive du même emprunt aurait déterminé. On aurait, ainsi, un système complet pour les emprunts que l'on pourrait contracter, par la suite, *suivant la méthode de l'amortissement*, qui n'en continuerait pas moins de préparer, pendant long-temps, par l'accumulation des rentes qu'il rachèterait, des ressources pour les circonstances extraordinaires.

Cette disposition, quoiqu'elle ne fût adoptée que pour de nouveaux emprunts, pourrait s'appliquer à notre dette actuelle, si elle se trouvait, un jour, dans le cas indiqué, sans que la *rétroactivité* qui en résulterait dans l'application de la loi nouvelle, parût pouvoir être l'objet d'un reproche fondé, puisqu'elle ne serait que le résultat de l'*épuisement naturel* du système dans lequel nos derniers emprunts ont été contractés.

J'ai dit, d'abord, que mes propositions seraient conformes aux vrais principes du *crédit*, et je prévois que tout le monde ne sera pas de mon avis, car, en cette matière, il existe deux doctrines qui diffèrent essentiellement.

L'une, qui ne considère le *crédit* que comme le simple produit de *la confiance*, n'admet dans les affaires publiques, de même que dans celles des particuliers, pour élément de celle-ci, que le respect le plus scrupuleux, *à quelque prix que ce soit*, des engagemens contractés : et c'est celle que je professe.

L'autre, plaçant le principal ressort de ce même *crédit* dans l'*élasticité* des fonds publics présentés aux combinaisons des spéculateurs, semble avoir pour principe que, *dans les affaires de l'Etat*, on peut toujours, sans inconvénient, transiger avec le *passé*, en modifiant, par des procédés ingénieux, l'accomplissement de la foi promise.

Cette seconde doctrine appartient, en général, à une classe de capitalistes qui en suit une tout autre *dans ses affaires particulières;* mais qui ne se propose, dans l'acquisition des rentes, qu'un emploi *temporaire* de capitaux destinés à les abandonner, dès qu'il y aura quelque profit à le faire; ce qui n'a, en soi, rien de reprochable.

La première est spécialement celle de cette autre classe beaucoup plus nombreuse, pour laquelle la rente est l'objet *d'un véritable placement.* Celle-là préfère le *certain* à tout autre avantage; c'est uniquement dans le *passé* qu'elle cherche ses garanties, et elle ne se confierait point dans des promesses qui n'auraient pas pour appui la fidélité gardée à celles qui auraient été faites avant elles. La *moralité de la fable du lion* lui est toujours présente, et il lui importe, par dessus tout, d'être assurée, *par l'expérience*, que le *plus fort* n'oubliera jamais qu'il doit se montrer aussi le *plus juste* et le *plus religieux* observateur des lois.

Je dois trouver encore des contradicteurs dans les hommes, en petit nombre, qui, confondant l'*usage* du *crédit* avec l'*abus* qu'on en peut faire, ne voient en lui qu'un *ennemi public* qu'ils voudraient proscrire, loin de le protéger. Cette théorie abstraite et chagrine semble faite pour un monde imaginaire, et ne peut conduire à aucune conséquence *pratique* susceptible d'application à l'état réel des sociétés, dans les temps où nous vivons. Il serait, ce semble, tout au moins imprudent de négliger, pour la *défense*, un moyen dont l'*attaque* devrait tirer un si grand avantage.

Je ne crois pas m'écarter de mon sujet en disant un mot, touchant l'*intérét de l'argent*.

Sans doute, tant que cet *intérét* ne se trouve pas en rapport avec les besoins des diverses industries *qui constituent réellement la richesse d'un pays*, aucun moyen n'est à négliger pour aider à le ramener au taux convenable, comparativement à ce qu'il est ailleurs, et eu égard aux habitudes de la vie, dans ce pays et dans les autres ; mais tout ce que l'on ferait pour aller *au-delà* conduirait à des résultats tout contraires à ceux que l'on aurait espérés. Car il y a, à tout, une mesure ; et il ne serait pas facile de comprendre comment, chez nous, par exemple, le malaise que devraient éprouver, par l'effet d'une baisse *immodérée* de l'intérét, les nombreux consommateurs qui vivent *du placement de leurs capitaux*, pourrait, en définitive, tourner au profit du *commerce*, de la *classe ouvrière* et du *Gouvernement* lui-même. Il faut bien en effet reconnaître que ces consommateurs seraient forcés de réduire leurs dépenses, en raison de l'affaiblissement de leurs revenus ; que le *travail et les consommations de tout genre* diminueraient d'autant, et que le produit des droits sur ces mêmes consommations devrait subir une réduction proportionnée. Le recouvrement des autres impôts en deviendrait lui-même moins facile. La société se trouverait, ainsi, jetée dans une situation toute nouvelle et dont on ne pourrait prévoir ni calculer l'influence sur la prospérité générale.

Je pense, au surplus, que le taux de l'*intérêt* dépend beaucoup moins que quelques personnes ne semblent le croire, de la *puissance de la loi ;* qu'il s'établit par le *cours naturel* des choses ; que toutes les mesures qui tendraient à le contrarier ne produiraient pas l'effet que l'on en aurait attendu, et que, surtout, ce serait une fausse idée que celle qu'une *réduction de la rente* pourrait exercer, sur *le prix* de l'argent, l'action qui ne peut, je le répète, appartenir qu'à l'*élévation bien affermie* du cours des fonds publics. Ainsi la rente de 5 francs, *au cours de* 125, établirait naturellement l'*intérêt* à 4 p. %; la même rente réduite à 4 fr. *au cours de* 80, le maintiendrait sur le pied de 5 p. %.

Et c'est l'une des raisons pour lesquelles je propose d'élever la limite des rachats de la rente de 5 francs jusqu'au cours de 115, plutôt que de la restreindre à celui de 110, par exemple, auquel cette rente n'est pas encore parvenue. Je ne crains pas même d'avouer que, si j'avais dû ne consulter que mon opinion, je n'aurais point hésité à proposer de porter cette limite *au cours de* 125, tant je suis persuadé que, celui de la rente de 5 fr. dût-il, avec le temps, aller jusque-là, l'Etat serait amplement dédommagé du surcroît de sa dépense pour l'*amortissement*, par tous les avantages qu'un *crédit élevé* lui assure, quoiqu'il ne soit pas possible d'en *chiffrer* les résultats.

Je pense aussi que l'intérêt de 4 p. %, établi généralement, ne laisserait rien à désirer, et qu'il serait en rapport avec celui qui existe habituellement dans le pays dont l'industrie rivalise principalement avec celle de la France.

CONCLUSION.

Persuadé que le système de la loi de 1817 était le seul qui pût assurer *toute* l'extinction *possible*, dans l'état actuel des choses, d'une dette *supérieure aux facultés de l'Etat pour un remboursement ordinaire*, et que les inconvéniens de l'*immobilité de son capital* subsisteraient *tout entiers* pour un *avenir* qu'il ne nous est pas permis de négliger, après que l'on serait seulement parvenu à en *réduire l'intérêt;* j'ai cherché, de bonne foi, les moyens de rétablir ce système renversé en 1825, en le soumettant à une modification qui, sans priver nos créanciers des avantages qu'ils ont légitimement acquis, non plus que de ceux qu'ils pouvaient raisonnablement espérer encore de l'action *illimitée* de l'amortissement, remplît les conditions : 1° de poser à la dépense une limite telle qu'en la comparant avec celle d'un remboursement *au denier* 20, exécuté de la seule manière qu'il fût, sinon *permis*, du moins *possible* de le faire, elle pût rassurer tous les esprits sur les craintes que la *non limitation* de l'amortissement avait fait naître, en assurant tout à la fois, conformément au vœu de la loi, la *continuité* de son action sur la rente de 5 fr.; 2° de procurer aux contribuables un soulagement de 20 millions sur les impôts les plus onéreux, au moment où le Gouvernement le jugerait nécessaire; 3° de conserver *intacts* les revenus particuliers assis sur les fonds publics.

Mes propositions remplissent–elles réellement ces diverses conditions?.... C'est à l'opinion à prononcer [1].

Il est loin de ma pensée d'accuser les intentions dans lesquelles la loi de 1825 a été proposée; mais j'avoue, avec la même sincérité, que la présence *sur la place*, de rentes *à divers intérêts*, me paraît bien pouvoir contri-

---

[1] Il est douteux que la *réduction* que je combats produisît, tout compte fait, plus de 20 millons, eu égard à l'importance des rentes qu'il serait sans intérêt de comprendre dans cette mesure, puisqu'il faudrait rendre, d'une main, ce que l'on aurait reçu de l'autre. L'objet paraîtrait donc complètement rempli par le mode simple que je propose et qui aurait, de plus, le mérite de ne pouvoir causer, ni un *regret* au Gouvernement, ni une *souffrance* à personne.

buer à rendre le *jeu sur les fonds publics plus animé;* mais que je ne puis comprendre l'avantage de cette combinaison dans un pays pour lequel l'emprunt ne peut jamais être *un besoin habituel.* Peut-être, sans elle, ne parviendrait-on pas à élever successivement une dette publique jusqu'à 15 ou 20 milliards?... Mais nous convient-il de rechercher de *pareils succès !*... Que la France se montre seulement *fidèle*, et, dans aucun temps, l'assistance du *crédit* ne lui manquera, dans la proportion de ses besoins, sous le Gouvernement que l'auguste auteur de la Charte lui a donné; pas plus qu'elle ne lui a manqué, en 1817, dans une situation si différente de celle où elle se trouve à présent, sans que l'attrait des *combinaisons variées* ait été nécessaire!

Je prie, en finissant, que l'on veuille bien remarquer que je n'ai pas prétendu établir que l'emprunt *avec amortissement* dût être considéré comme ayant droit, dans tous les cas, à une préférence *exclusive.* Il a incontestablement, par l'influence que l'action de l'amortissement exerce sur l'élévation *du cours,* l'effet d'obliger l'Etat à rendre, en définitive, *plus qu'il n'a reçu*, et cet effet est d'autant plus sensible que l'emprunt s'est fait à un cours plus défavorable. C'est un désavantage que n'a pas l'emprunt à *terme* qui est sujet à un inconvénient d'un autre genre auquel il n'est pas, comme on l'a vu, toujours facile d'échapper, et dont les conséquences peuvent être plus graves encore que la perte que l'amortissement aurait fait éprouver; mais il n'en est pas moins vrai que ce mode d'emprunt, par lequel la libération *entière* de l'Etat serait assurée, *à une époque déterminée, en ne restituant que le capital fourni par les prêteurs*, pourrait, par cette double considération, être jugé préférable (même *avec un intérêt beaucoup plus élevé*), lorsqu'il ne serait pas disproportionné aux moyens que la situation des finances permettrait d'affecter, dans un temps donné, et *qui ne se prolongeât pas trop*, au remboursement du capital emprunté [1]. Je suppose que, d'ailleurs, les convenances des prêteurs s'en arrangeraient; car

[1] Toutefois, ces avantages pourraient aussi être mis en balance avec celui tout particulier qu'offre un bon système d'amortissement,

dans un besoin pressant, il faut bien, bon gré mal gré, s'y soumettre, comme il nous est arrivé, il y a douze ans.

Mais ce n'est pas là la question dont j'ai dû m'occuper. Nous n'en sommes point à examiner, en thèse générale, comment on peut emprunter d'une manière plus ou moins avantageuse; mais bien, comment nous pouvons sortir, *avec honneur* (c'est-à-dire *avec utilité pour l'Etat* qui ne saurait gagner à en sortir autrement), de la situation dans laquelle des conjonctures extraordinaires et impérieuses, je pourrais même dire presque sans exemple, nous ont brusquement placés. Nous n'eûmes point alors le choix des moyens pour conjurer l'orage qui menaçait l'*existence* même de la France, et je ne pense pas qu'il nous soit permis d'altérer les engagemens auxquels elle a dû son salut. Il semble, au surplus, démontré, par le *calcul*, que, sous tous les rapports, le *présent* et l'*avenir* auraient également à y perdre.

de préparer, *par l'accumulation des rentes qu'il rachète*, des ressources pour le moment du besoin, sans qu'aucune augmentation d'impôt soit nécessaire.

On a récemment prétendu que *les esprits les plus éclairés n'avaient plus d'objections à faire à la réduction de la rente*. J'attendrai, pour y croire, qu'elle ait été soumise à la discussion des deux Chambres ; jusque-là, soit, comme on l'a dit, *préoccupation de l'erreur*, soit *entraînement de la vérité* qui finit toujours par dissiper tous les prestiges, je ne puis m'empêcher de considérer comme un préjugé contraire à cette prétention, la difficulté même que l'on éprouve à déterminer le moyen de parvenir à un résultat qu'il devrait être si facile d'obtenir, si la mesure était réellement conforme aux principes de justice dont nous avons tant d'intérêt à ne pas nous écarter.

Que, dans un pays qui n'aurait aucune espérance de parvenir à l'*extinction du capital* de sa dette, portée au-delà de toute mesure et pour laquelle l'amortissement ne *pourrait plus rien*, parce qu'il aurait cessé de reposer sur sa véritable base (*un excédant de revenu*) ; le Gouvernement fût principalement occupé de procurer, par des réductions successives d'*intérêt* opérées dans les formes déterminées par le contrat, quelque soulagement à ses finances obérées , je le concevrais sans peine , et il n'y aurait rien là que de louable et de naturel, puisque la position du pays en ferait la loi.

Mais que, dans la situation où nous nous trouvons , comparée seulement à ce qu'elle était en 1817, et sans chercher de comparaisons plus favorables, *au dehors*, comme on veut toujours y puiser des exemples, sans examiner s'ils nous sont applicables; que dans cette situation, dis-je, on en soit venu à *mettre*, pour ainsi dire, *au concours la recherche du meilleur mode à suivre pour priver nos créanciers d'un cinquième de leur revenu* (quoique aucune stipulation ne nous y autorise), dans l'unique vue d'obtenir une économie de quelques millions dans la dépense annuelle de notre dette, *en perpétuant sa durée :* voilà, de la meilleure foi du monde, ce que je n'ai pu m'expliquer, de manière à me convaincre que le *véritable* intérêt de l'Etat ne dût pas en éprouver un notable dommage ; que la *dignité nationale* elle-même n'en fût pas, jusqu'à un certain point, blessée ; qu'enfin quelque motif, du moins spécieux, pût colorer une semblable détermination ; lorsque d'ailleurs nous avons, comme on l'a vu, à notre entière disposition, un moyen *légal* de réduire nos charges, d'une somme équivalente, *sans froisser aucun intérêt, sans manquer à aucun engagement !...*

Je n'ai pas cru que, dans une question où le bien de mon pays, par conséquent celui du service du Roi; l'existence d'une classe nombreuse de la société ; spécialement enfin la prospérité de l'établissement public dont je partage, avec *sa régence*, le devoir de soigner la fortune, sont aussi essentiellement intéressés , et dont l'examen inoffensif n'était point étranger aux travaux de toute ma vie, je dusse céder à la considération que quelque impopularité pourrait s'attacher à l'opinion que je me serais bien volontiers dispensé d'émettre, si la voix de ma conscience n'avait pas maîtrisé ma volonté. Ce doit être mon excuse auprès des personnes qui jugeraient que mes faibles lumières ont mal servi les intentions qui me sont communes avec les hommes honorables dont le sentiment est différent du mien, dans cette délicate et importante affaire.

Il me reste à excuser des redites que je n'aurais pu éviter sans m'exposer à devenir obscur pour les personnes qui n'auraient pas connu mes deux premiers écrits dont celui-ci devait offrir l'analyse.

PROJET D'ARTICLES.

1.

Le *maximum* du prix vénal, à la Bourse, de la rente de 5 fr. connue sous la dénomination de 5 p. $\%$ et de celles de $4\frac{1}{2}$ et 3 p. $\%$, est fixé à 115 fr., pour la première, et à 100 fr. pour les deux autres.

2.

La caisse d'amortissement fera racheter tout ce qui se présentera, dans ces trois fonds, *sur la place*, à concurrence de ses moyens journaliers pour le rachat de chacun d'eux.

3.

Le fonds général d'amortissement montant à 77,503,204 fr., y compris 37,503,204 fr. de rente rachetés jusqu'au 25 juin 1825, est réparti entre les trois fonds, ainsi qu'il suit :

1° A la rente de 5 fr. sur la dotation annuelle

de 4o millions. 29,499,877

Sur les rentes rachetées. 27,658,499

TOTAL. . . . . 57,158,376[*]

2° A la rente de 4 ½ , sur la

dotation. . . . . 171,195 } 531,704

Sur les rentes rachetées. . . 160,509 }

5° A la rente de 5 p. % sur la

dotation. . . . . 10,528,928 } 20,013,124

Sur les rentes rachetées. . . 9,684,196 }

TOTAL ÉGAL. 77,503,204

Nota. S'il était jugé à propos de prélever, dès à présent, 20 millions sur les *rentes rachetées*, pour compenser une réduction équivalente des impôts, les calculs des nouvelles dotations seraient établis en conséquence.

La distinction que je propose, dans les trois dotations nouvelles, des rentes *rachetées* dont elles seraient en partie composées, a pour ob-

[*] J'ai formé mon tableau n° 2 d'après un premier aperçu qui ne portait la portion afférente à la rente de 5 francs, dans le fonds général d'amortissement, qu'à 56 millions ; elle serait réellement d'un million de plus. Cette différence m'a paru trop légère pour exiger que je recommençasse mes calculs, qui donneraient au surplus un résultat un peu plus avantageux encore que celui que je présente.

jet de ne point les confondre avec la dotation *obligée* et d'en maintenir la *disponibilité*, dans les *trois fonds*, comme de celles qui seraient rachetées ultérieurement.

 TABLEAU de la dépense du Trésor royal pendant la durée du remboursement, au denier 20, de cent millions de rente, dans le fonds de 5, en y employant un fonds annuel de 56 millions.

ANNÉES.	INTÉRÊTS annuels décroissans.	REMBOURSEMENS à la fin de chaque année.	DÉPENSES annuelles.
1re	100,000,000	56,000,000	156,000,000
2e	97,200,000	56,000,000	153,200,000
3e	94,400,000	56,000,000	150,400,000
4e	91,600,000	56,000,000	147,600,000
5e	88,800,000	56,000,000	144,800,000
6e	86,000,000	56,000,000	142,000,000
7e	83,200,000	56,000,000	139,200,000
8e	80,400,000	56,000,000	136,400,000
9e	77,600,000	56,000,000	133,600,000
10e	74,800,000	56,000,000	130,800,000
11e	72,000,000	56,000,000	128,000,000
12e	69,200,000	56,000,000	125,200,000
13e	66,400,000	56,000,000	122,400,000
14e	63,600,000	56,000,000	119,600,000
15e	60,800,000	56,000,000	116,800,000
16e	58,000,000	56,000,000	114,000,000
17e	55,200,000	56,000,000	111,200,000
18e	52,400,000	56,000,000	108,400,000
19e	49,600,000	56,000,000	105,600,000
20e	46,800,000	56,000,000	102,800,000
21e	44,000,000	56,000,000	100,000,000
22e	41,200,000	56,000,000	97,200,000
23e	38,400,000	56,000,000	94,400,000
24e	35,600,000	56,000,000	91,600,000
25e	32,800,000	56,000,000	88,800,000
26e	30,000,000	56,000,000	86,000,000
27e	27,200,000	56,000,000	83,200,000
28e	24,400,000	56,000,000	80,400,000
29e	21,600,000	56,000,000	76,600,000
30e	18,800,000	56,000,000	74,800,000
31e	16,000,000	56,000,000	72,000,000
32e	13,200,000	56,000,000	69,200,000
33e	11,400,000	56,000,000	67,400,000
34e	8,600,000	56,000,000	64,600,000
35e	5,800,000	56,000,000	61,800,000
36e	3,200,000	40,000,000	43,200,000
	1,840,200,000	2,000,000,000	3,840,200,000

N° 2. *TABLEAU de l'amortissement de 100 millions de rente, dans le fonds de 5 fr., au cours de 115, par l'emploi d'une dotation annuelle de 56 millions fournis par le Trésor.*

ANNÉES.	FONDS annuel d'amortissement.	MONTANT des rentes rachetées annuellement appliquées à l'amortissement	TOTAL des moyens d'amortissement.	MONTANT des rentes rachetées annuellement.
1re	56,000,000	»	56,000,000	2,435,215
2e	56,000,000	2,485,215	58,435,215	2,540,665
3e	56,000,000	4,975,880	60,975,880	2,651,125
4e	56,000,000	7,627,005	63,627,005	2,766,385
5e	56,000,000	10,393,390	66,393,390	2,886,665
6e	56,000,000	13,280,055	69,280,055	3,012,175
7e	56,000,000	16,292,230	72,292,230	3,143,135
8e	56,000,000	19,435,365	75,435,365	3,277,655
9e	56,000,000	22,713,020	78,713,020	3,432,305
10e	56,000,000	26,145,325	82,145,325	3,571,100
11e	56,000,000	29,716,425	85,716,425	3,726,800
12e	56,000,000	33,443,225	89,443,225	3,888,840
13e	56,000,000	37,332,065	93,332,065	4,057,915
14e	56,000,000	41,389,980	97,389,980	4,232,170
15e	56,000,000	45,622,150	101,622,150	4,418,350
16e	56,000,000	50,040,500	106,040,500	4,610,470
17e	56,000,000	54,650,970	111,650,970	4,854,390
18e	56,000,000	59,505,360	115,505,360	5,021,995
19e	56,000,000	64,527,355	120,527,355	5,240,320
20e	56,000,000	69,776,675	125,767,675	5,468,155
21e	56,000,000	75,235,830	131,235,830	5,705,905
22e	56,000,000	80,941,735	136,941,735	5,953,985
23e	56,000,000	86,895,720	142,895,720	6,212,855
24e	56,000,000	93,108,575 *	149,108,575	6,482,995 **
25e	»	»	9,393,890	408,430 ***

*	93,108,575
**	6,482,995
***	408,430
	——————
	100,000,000

Dépense du Trésor royal.

Dotation annuelle. 56,000,000	
Rentes payées chaque année tant aux particuliers qu'à la caisse d'amortissement pendant 24 ans. 100,000,000	156,000,000
Multipliés par.	24
	624,000,000
	3,120,000,000
	3,744,000,000
Apoint.	9,393,890
Total général de la dépense du Trésor royal. .	3,753,393,890

ANNÉES.	FONDS annuel d'amortissement.	MONTANT des rentes rachetées annuellement appliquées à l'amortissement	TOTAL des moyens d'amortissement.	MONTANT des rentes rachetées annuellement.
1e	40,000,000	«	40,000,000	1,739,130
2e	40,000,000	1,739,130	41,739,130	1,814,655
3e	40,000,000	3,553,785	43,553,785	1,915,380
4e	40,000,000	5,469,165	45,469,165	1,976,915
5e	40,000,000	7,446,080	47,446,080	2,080,260
6e	40,000,000	9,526,340	49,526,340	2,134,185
7e	40,000,000	11,660,525	51,660,525	2,246,110
8e	40,000,000	13,906,635	53,906,635	2,343,765
9e	40,000,000	16,250,400	56,250,400	2,445,675
10e	40,000,000	18,696,075	58,696,075	2,552,000
11e	40,000,000	21,248,075	61,248,075	2,662,955
12e	40,000,000	23,911,030	63,911,030	2,778,740
13e	40,000,000	26,689,770	66,689,770	2,899,555
14e	40,000,000	29,589,325	69,589,325	3,025,620
15e	40,000,000	32,614,945	72,614,945	3,157,170
16e	40,000,000	35,772,115	75,772,115	3,294,395
17e	40,000,000	39,066,510	79,066,510	3,437,670
18e	40,000,000	42,504,180	82,504,180	3,588,005
19e	40,000,000	46,092,185	86,092,185	3,743,135
20e	40,000,000	49,835,320	89,835,320	3,905,880
21e	40,000,000	53,741,200	93,741,200	4,073,050
22e	40,000,000	57,814,250	97,814,250	4,252,790
23e	40,000,000	62,067,040	102,067,040	4,437,690
24e	40,000,000	66,504,730	106,504,730	4,630,640
25e	40,000,000	71,135,370	111,135,370	4,879,995
26e	40,000,000	76,015,365	116,015,365	5,044,145
27e	40,000,000	81,059,510	121,059,510	5,265,610
28e	40,000,000	86,325,120	126,325,120	5,472,480
29e	40,000,000	91,797,600*	131,797,600	5,730,330**
30e	40,000,000	«	56,857,610	2,472,070***

Voyez la page suivante.

        *   91,797,600
       **   5,730,330
      ***   2,472,070
             ───────────
             100,000,000

Dépense du Trésor royal.

Dotation annuelle. . . . . . : . 40,000,000 ⎫
Rentes payées, chaque année,   ⎬ 140,000,000
  tant aux particuliers qu'à la   ⎪
  caisse d'amortissement pen-   ⎪
  dant 29 ans. 100,000,000   ⎭
            Multipliés par 29, ci. . . .   29
                                             ─────────────
                                             1,260,000,000
                                             2,800,000,000
                                             ─────────────
                                             4,060,000,000
            Apoint.   56,857,610
                                             ─────────────
            Dépense totale.   4,116,857,610

Le remboursement *au pair*, en y employant
chaque année un fonds de 56 millions durerait
36 ans et aurait dépensé en définitive. 3,840,000,000

La dépense de l'amortissement *au cours de*
115 avec une dotation *de 40 millions seule-*
ment, par an, excéderait de..   276,857,610

Cet excédant, réparti sur 30 ans, ferait un objet d'environ 9 millions par an.
Mais, d'un autre côté, la réduction du fonds général d'amortissement procurerait,
dès la première année, aux contribuables un soulagement de 20 millions qui, au
bout de 30 ans, ferait un objet total de 600 millions qu'ils auraient réellement payés
de moins, dans cet intervalle, sur les contributions les plus onéreuses, et l'extinction
de la dette serait encore accélérée de six années.